AF337478

27
12
583

PREMIÈRE

AUX

CORINTHIENS

AMIENS

IMPRIMERIE DE T. JEUNET

47, RUE DES CAPUCINS, 47

1869

PREMIÈRE AUX CORINTHIENS

Louis Espéron était depuis plusieurs années attaché à une maison importante et honorable de Paris, dont le chef, M. Louis Bochet, est de la liste des notablees commerçants, lorsqu'il vint dans les derniers mois de l'année 1865, passer quelques jours dans sa famille. Durant ce séjour qui ne devait être que de courte durée, il entendit discuter les projets industriels qui s'agitaient dès lors dans la ville de Doullens. Les habitants désiraient que la localité fût éclairée au gaz. On pensait que la création d'une fabrique de sucre seconderait efficacement le développement de l'agriculture. Les esprits se préoccupaient vivement du prompt établissement d'une ligne de fer d'Amiens à Frévent. L'importance de ces projets frappa l'imagination de Louis Espéron. Il en comprit l'utilité, la possibilité, et se demanda tout d'abord si ces travaux, qui paraissaient devoir être entrepris dans un temps peu éloigné, ne méritaient pas qu'on s'y appliquât tout entier, et qu'on y donnât même une partie de sa vie.

En y réfléchissant plus profondément, il en vint rapidement à reconnaître que ces projets n'étaient eux-mêmes qu'une partie de tous les progrès à réaliser dans la contrée qui environne Doullens. Comme Doullens, les localités environnantes étaient privées de l'éclairage au gaz ; et les faits ont prouvé qu'il n'est pas de ville si médiocre qui ne puisse, par certaines combinaisons, ou des sacrifices, construire une usine à son usage. Il y avait donc lieu de penser qu'après Doullens, des bourgs considérables, tels que Frévent, Auxi-le-Château, d'autres encore, pourraient être amenés à entreprendre la même création. Ce n'était donc pas une seule, mais plusieurs usines à gaz dont Louis Espéron prévoyait dès ce moment l'établissement dans la contrée.

Le même raisonnement s'appliquait plus justement encore à la pensée première d'une seule fabrique de sucre. Une fabrique ne peut desservir l'agriculture que dans un cercle restreint. Au-delà, la difficulté des transports arrête son action. Par conséquent elle n'empêche pas, elle provoque plutôt l'organisation à une certaine distance d'autres fabriques, émules, sans être rivales. On pouvait donc croire que le progrès industriel du Nord, gagnant de proche en proche, ne tarderait pas à envahir entièrement les départements du Pas-de-Calais et de la Somme, et à les ramener au point où ils se trouvaient autrefois, lorsque leur territoire était couvert d'usines.

La question du chemin de fer provoquait les plus vastes réflexions. La ligne d'Amiens à Frévent n'était elle-même qu'un tronçon d'un réseau considérable à établir dans la contrée qui s'étend d'Amiens à Calais et de Lille à Abbeville.

Lorsqu'on examine la carte de cette partie de la France, on voit que les lignes du Nord se bifurquent à Longueau, d'une part vers Arras, Lille et Dunkerque, de l'autre vers

Abbeville, Boulogne et Calais. Elles forment donc comme un cercle au milieu duquel se trouve une grande partie de la Somme et du Pas-de-Calais sans ligne de fer à leur centre, ce qui en retire le mouvement et la vie pour les porter aux extrémités.

Cette situation, amenée par plusieurs circonstances, est réellement anormale. En effet, lorsque le tracé des routes impériales fut décidé au commencement de ce siècle, une des voies le plus justement dirigées, fut celle qui de Paris, passant en droite ligne par Amiens, Doullens, Frévent, St-Pol, venait aboutir à Calais, sur le détroit, au point le plus rapproché de l'Angleterre. On peut regretter dans l'intérêt du pays et en raison de la direction des communications générales, que le centre de cette contrée ait été négligé en faveur du littoral dans le tracé des chemins de fer du Nord. En outre, il a toujours paru bon de relier les départements de l'Est et du Nord avec la Manche, ce qui devait se réaliser par l'établissement d'une voie ferrée d'Arras à Boulogne à Etaples laquelle se croiserait ainsi avec la ligne droite d'Amiens à Calais. Dans le même ordre d'idées, et les houillères de Béthune réclamant des voies de communication avec la Seine-Inférieure, pour une concurrence utile et nationale aux charbons anglais, on concevait aussi la pensée d'un chemin étendu qui de Lille même se dirigerait sur Rouen, par des points à déterminer.

Ainsi, premièrement, le chemin direct d'Amiens à Calais, deuxièmement, le chemin d'Arras à Etaples, troisièmement de Lille à Rouen, tel était, alors comme aujourd'hui, le réseau généralement adopté du reste, dont il fallait couvrir cette contrée jusqu'à présent déshéritée.

Il est bon d'ajouter que ces divers projets ne se présentaient pas comme éventualités indéterminées. L'utilité en était hautement reconnue. Tous les bons esprits s'en préoccupaient sérieusement. Les populations en désiraient avec ardeur la réalisation. On était déjà hors des premières études ; on songeait à aborder les moyens d'exécution. La ville de Doullens cherchait une combinaison qui lui permît de construire elle-même son usine à gaz et de se réserver les bénéfices que cette entreprise pourrait produire. Déjà un jeune ingénieur, secondé par une puissante maison, faisait une première tentative pour élever une fabrique de sucre. Quant aux chemins de fer, on ne désespérait pas de parvenir avec plus ou moins de peine, par le concours éclairé de l'administration et les sacrifices des populations, à constituer des compagnies qui pussent construire la partie centrale du réseau rappelé ci-dessus, d'autant plus qu'aux extrémités, la construction rapide des lignes de Lille à Béthune, et d'Amiens à Tergnier et à Rouen, assurait par avance de sérieux débouchés et promettait un trafic suffisamment développé. On sait qu'une société avait même sollicité et obtenu la concession de la ligne d'Arras à Etaples. En un mot, à cette époque, plus encore peut-être qu'aujourd'hui, le mouvement des esprits était vivement prononcé. L'exécution paraissait prochaine. On ne saurait oublier avec quelle ardeur généreuse un homme regretté de tous, M. Hannard, se préoccupait de trouver les meilleures solutions aux questions posées par l'intérêt général. On comptait sur les hautes capacités de l'éminent ingénieur, M. Barraut, dont la mort prématurée ne vint que plus tard contrarier les espérances qu'il avait fait concevoir. Il est inutile de rappeler à ceux qui ont survécu à ces deux hommes, leurs propres efforts, en partie du reste couronnés par un succès mérité.

Ce furent ces réflexions longtemps prolongées qui décidèrent peu à peu Louis Espéron à s'attacher entièrement à l'exécution de ces projets. Il aimait naturellement toutes ces choses. Sans doute, se plaçant par la pensée en face de ces grandes entreprises, et précisément parce qu'il en appréciait l'immensité, il regrettait fortement de ne pouvoir leur apporter que le concours le plus modeste, disons mieux, le plus humble. Mais il se consolait par l'espérance de grandir peut-être avec leur exécution successive. Ce ne fut que plus tard, qu'il fut amené par la suite de ses réflexions à concevoir une combinaison qui, si elle eût réussi, aurait peut-être fait de lui leur agent le plus actif et le plus utile.

On peut considérer les premiers efforts de Louis Espéron, en 1866, comme ces essais qui vous servent surtout à déterminer plus nettement la direction que vous devez prendre pour arriver avec quelque facilité au but que l'on s'est proposé. Il correspond avec les personnes qui s'intéressent déjà aux projets industriels dont il s'agit, avec celles qui peuvent être amenées à s'occuper de leur exécution, particulièrement avec M. Eugène Lenoir, son parent, entrepreneur de chemins de fer, concessionnaire des travaux de la ligne d'Arras à Étaples. Il adresse un premier mémoire à la Préfecture de la Somme. Il réunit des renseignements sur les conditions dans lesquelles une usine à gaz peut être établie à Doullens ; désigne à l'Administration municipale l'ingénieur Lichelbrenner dont la spécialité est de seconder les villes qui veulent, comme Coulommiers, construire elles-mêmes leur usine, et s'entend avec une maison de premier ordre, MM. Dalifol et Huet, pour assurer, par une combinaison ingénieuse qui fut adoptée par le Conseil municipal, les meilleurs moyens d'exécution.

L'échec définitif de cette combinaison, uniquement due à la retraite inattendue du Conseil municipal, ne produisit pas dans l'esprit de Louis Espéron la moindre incertitude et le moindre découragement. Il pensait bien qu'il aurait à surmonter de nombreuses difficultés, et qu'il lui faudrait passer par plusieurs échecs avant de compter un succès. Il était persuadé que l'énergie et la résolution ne suffiraient pas sans la persévérance la plus opiniâtre et la constance la plus ferme. Toutefois, réfléchissant plus profondément que jamais sur les moyens d'exécution, il se dit que seul, isolé, il arriverait difficilement à une solution quelconque. Il est évident que, lorsqu'on veut soulever quelque chose, il faut avoir un point d'appui. Ce point d'appui, il finit par le trouver après l'avoir longtemps cherché.

Il remarqua que le moteur véritable et indispensable des créations industrielles, c'est la banque. Sans elle, il est difficile de créer et de soutenir les entreprises. Elles sont faciles au contraire quand elles sont présentées et patronées par les établissements de crédit qui appliquent plus spécialement leurs efforts à l'industrie. L'influence, les relations, les capitaux d'une maison de banque, même d'un ordre secondaire, lui permettent de faire les avances que nécessitent les études premières, de provoquer l'association des capitalistes, de réunir les fonds indispensables, et de soutenir enfin ce qu'elles ont établi.

Louis Espéron en vint donc à ramener toutes les questions qui le préoccupaient à une seule, la constitution d'une sorte de *Crédit Industriel*. Il lui parut que la solution de ce problème pouvait contenir toutes les autres, puisqu'elle serait le point de départ de toutes les entreprises projetées.

Mais ce problème unique se présentait lui-même sous un aspect imposant, car il ne s'agissait de rien moins que d'établir une puissante maison de banque. Cependant la chose n'était pas impossible par elle-même. En affaires, la grandeur des créations se mesure naturellement à l'importance du but à atteindre, et des bénéfices à recueillir. Ici le but était grand, les bénéfices pouvaient être considérables. La difficulté consistait à réunir instantanément le gros capital qui seul pouvait permettre de constituer immédiatement le nouvel établissement avec toute la puissance qu'on voulait lui donner.

Quand on ne peut pas faire une chose d'un seul coup, il reste la ressource de la faire peu à peu, procédant ainsi du simple au composé. On peut trouver plus d'un exemple de maisons de banque qui se sont successivement élevées du début le plus modeste à la plus haute importance. Ce n'est pas autrement que procèdent les banques coopératives que l'on voit chaque jour commencer leurs travaux avec des moyens parfois insignifiants, et qui n'en grandissent pas moins avec une remarquable rapidité. Ainsi la Société du Crédit au travail (Beluze et Cie) fondée en 1863 avec une souscription de vingt mille francs, dont quatre mille réalisés, compte aujourd'hui six cent mille francs du capital, deux millions de dépôts, vingt-cinq millions comme chiffre de ses affaires annuelles ; ainsi, à Paris et dans les départements, dans les villes grandes ou petites, nombre de banques coopératives s'élèvent peu à peu du point le plus minime à de hautes destinées ; et l'on peut prévoir le jour où ces sociétés, hier encore inconnues et dédaignées, seront demain puissantes et célèbres.

Autrefois on ne pouvait concevoir la création d'une maison de banque que dans des proportions de capital et de dépôts extraordinaires, parce que les communication⁸ difficiles et rares avec les dehors obligeaient à immobiliser ces capitaux dans des opérations sur place qui ne permettaient pas le renouvellement souvent répété des valeurs avec des correspondants des provinces voisines. Maintenant les chemins de fer, les postes, le télégraphe modifient chaque jour profondément tout le mouvement commercial et industriel. On fabrique, on achète, on vend, on emprunte, on prête de loin au loin. La banque, agent général du commerce, de l'industrie, des capitalistes, suit le mouvement, si elle ne le précède pas. Les opérations se multiplient entre ses mains par suite des relations multiples avec le dehors. Le chiffre des affaires devient immense, et permet de n'opérer qu'avec un capital restreint. On peut même dire qu'il est posssible à la banqne de suffire à ses opérations sans l'emploi direct du capital qui lui est propre.

Que fait la Banque de France ? Elle escompte les effets de commerce à trois signatures, sans le concours de son capital. Contre les lettres de change qu'elle accepte, elle remet en égale quantité ses billets privilégiés à vue et au porteur, qui sont de véritables mandats tirés par elle sur son propre crédit. Autant d'escompte, autant de billets en circulation. Elle opère donc indépendamment de son capital.

Que fait le banquier de premier ordre dont le compte courant est ouvert à la Banque de France? Il lui remet des effets à deux signatures et reçoit en échange les billets de la Banque. Il peut donc opérer l'escompte de son portefeuille entier par cette voie qui laisse son capital sans emploi.

Que fait le banquier de second ordre qui reçoit le

papier des mains du public, et le remet à l'établissement
de crédit dont il est correspondant? Il prend chez ce dernier des fonds qu'il verse à ses clients, sans être obligé de
faire concourir son capital à cette opération.

Si un banquier emploie tout ou partie de son capital à
l'escompte, c'est par un acte de sa volonté et par la
méthode de son administration, mais non par aucune
obligation, puisqu'il peut toujours réescompter son portefeuille à ses divers correspondants. Si des maisons exceptionnelles peuvent conserver en leurs mains tout leur
papier sans le livrer à la circulation, c'est qu'elles en font
l'escompte au moyen des forts dépôts qui leur sont confiés, et qu'elles utilisent ainsi dans des opérations à court
terme. Quelle que soit du reste l'importance de leur capital
propre, il est toujours insignifiant en regard du chiffre de
leurs affaires.

On peut même dire, et non sans raison, qu'en principe
le capital des banques ne devrait pas être employé à des
opérations qui offrent des chances de perte, si l'on considère que sa véritable nature est celle d'un cautionnement
qui garantit le public contre le risque de ces opérations.

Si donc il est vrai que le capital puisse et doive même
rester étranger aux opérations proprement dites, s'il est
vrai qu'on peut le considérer comme ayant surtout le
caractère d'un cautionnement, on peut dire que tout cautionnement devant être dans le rapport de tant pour cent
avec le chiffre total des affaires qu'il est destiné à garantir,
il est inutile de réunir au début de fortes sommes, lesquelles pourraient du reste se morfondre sans revenus en
attendant des opérations qui ne pourraient venir qu'à une
époque éloignée ; et il est plus juste de ne former le capital

que successivement, au fur et à mesure de l'extension des opérations, dont la réussite provoqué du reste le développement parallèle des souscriptions.

Ainsi le problème de la constitution d'un grand établissement de crédit, qui paraissait d'abord insoluble à Louis Espéron par sa grandeur même, trouvait sa solution dans l'exemple véritablement frappant des Banques coopératives. Début médiocre, progression indéfinie, telle était la formule de cette solution.

C'est en effet dans c t esprit qu'il a introduit dans la rédaction de son acte de Société du 30 juin 1867 le principe du capital progressif et illimité.

Quant à la méthode d'opérer l'escompte sans l'emploi du capital, il se proposait, pour l'exécuter, d'obtenir les recouvrements des banquiers des départements voisins dont le portefeuille contenait des valeurs sur la localité où il devait opérer, d'escompter par ces recouvrements des effets de commerce qu'il remettrait en couverture à ses correspondants, bénéficiant de la différence entre l'intérêt que lui consentiraient ses clients, et le taux du compte courant des banquiers qui l'alimenteraient ; et ainsi de suite, en se développant plus ou moins vite, suivant les circonstances.

Enfin, d'une manière générale, il attendrait pour porter son établiseement à la hauteur où il devait arriver pour atteindre le but industriel qui était sa raison d'être et devait être son dernier mot, le concours plus ou moins rapide qu'on voudrait bien lui prêter. Les fleuves, filets d'eau à leur source, sont des bras de mer à leur embouchure par les affluents qu'ils reçoivent dans leur cours.

Tel était son système, fort simple, comme on le voit, et facile à saisir. Ces idées lui ont paru si vraies et si justes qu'il n'a pas douté le moins du monde de les réaliser sans aucune difficulté. Malheureusement pour lui, il n'a pas été compris et on l'a mal apprécié. Une prévention injuste s'est comme fatalement attachée à sa personne, et il a rencontré, au lieu de la confiance qui lui était indispensable, une singulière animosité dont il a peine encore à comprendre le mobile et la raison. Aujourd'hui qu'il est bien revenu des illusions qu'il s'était faites sur les hommes, il pourrait à la rigueur faire bon marché de l'opinion injuste qui pèse encore sur lui ; mais solidaire de l'honorabilité d'un nom qui ne lui appartient pas tout entier, et qui, jusqu'à lui, n'a jamais provoqué que l'estime et le respect de tous, il sent en lui-même l'impérieuse obligation de se défendre avec calme, mais avec fermeté ; aujourd'hui comme demain, ici comme ailleurs, aussi longtemps enfin qu'on ne prononcera pas ce nom avec le respect qu'il mérite. C'est son droit et son devoir. Il n'y faillira pas.

Demeuré longtemps comme anéanti sous les coups redoublés et douloureux que ne lui a pas ménagés le destin sans pitié, il trouve enfin dans l'excès même de son malheur la force et le courage qui lui sont nécessaires aujourd'hui plus que jamais. Ses intentions sont méconnues, ses idées travesties, ses opérations mal comprises. Il rétablira les faits et dissipera les préjugés. Sans plus de retard, il publiera les plus minutieux détails, les pièces justificatives, et jusqu'aux chiffres même de ses opérations. Aujourd'hui ce n'est que la première aux Corinthiens.

Louis ESPÉRON.

Doullens, 22 Janvier, 1869.